AF330413

DU SERMENT.

DIFFÉRENCE

ENTRE LE SERMENT POLITIQUE

ET LE SERMENT JUDICIAIRE.

VALEUR DIFFÉRENTE DE L'UN ET DE L'AUTRE.

Par le baron de.....

PARIS,

IMPRIMERIE DE A. FIRMIN DIDOT FRÉRES,

RUE JACOB, Nᵒ 24.

1830.

DU SERMENT.

La *Quotidienne* du 12 septembre 1830, à l'article de Londres, en parlant de M. le prince de Talleyrand, dit : *Qui pourrait révoquer en doute le patriotisme d'un homme qui a juré fidélité à treize gouvernements successifs?*

Si ce sarcasme ironique ne s'adressait qu'à M. de Talleyrand, je laisserais à cet homme doué d'un esprit si rare et peut-être unique en Europe, le soin de repousser l'injure s'il le jugeait à propos, et je ne serais pas son avocat.

Mais comme ce reproche s'adresse aussi à la majorité du peuple français qui, de même que M. de Talleyrand, a prêté serment à treize gouvernements, et comme il y a aussi beaucoup d'honnêtes gens qui partagent l'opinion du rédacteur de cet article, je crois qu'il est à propos d'examiner si ce jugement est aussi juste que sévère, et si la nation française se compose de trente-deux millions de parjures, et de parjures qui l'ont été douze fois.

Si cette opinion était juste, il faudrait gémir sur la France, désespérer d'elle, et attendre avec résignation la vengeance céleste; si elle ne l'est pas, il y aurait encore plus de légèreté à négliger ce reproche, qu'il n'y en a eu peut-être à le faire.

Pour savoir si nous avons manqué à nos serments en jurant fidélité à plusieurs gouvernements successifs, il faut savoir d'abord ce que c'est que le serment en général, ensuite ce que peut signifier celui que nous avons prêté, et quel est bien précisément l'engagement que nous avons contracté.

Un serment est une promesse pour l'avenir, ou l'assurance d'une vérité présente ou passée ; cette promesse ou cette assurance sont faites en face de Dieu, qu'on appelle comme témoin et comme garant. Il ne s'agit ici que d'une promesse pour l'avenir.

Le serment est pour l'homme qui croit en Dieu (et la presque totalité des hommes y croit), ce que la parole d'honneur est pour l'homme d'honneur, ce qu'une simple déclaration est pour le véritablement honnête homme.

Celui qui trompe dans une simple déclaration, ou dans une simple promesse, renonce à la confiance et au titre d'homme vrai. Celui qui trompe lorsqu'il donne sa parole d'honneur, renonce en outre à l'honneur, et par conséquent à toute estime. Celui qui trompe dans son serment renonce non-seulement à la confiance, à l'estime, à l'honneur, mais encore aux bontés, à la miséricorde de Dieu, qu'il a non pas trompé (on ne trompe pas Dieu), mais dont il a invoqué le nom pour tromper les hommes ; il aurait insulté Dieu, l'on pouvait insulter Dieu.

Aussi le parjure, l'homme qui viole les engagements qu'il a contractés par serment, a-t-il toujours été regardé avec exécration, si ce n'est dans un seul cas, où la faiblesse humaine, les mauvaises mœurs et la fréquence du parjure en ont dissimulé l'horreur. On désapprouve un mari libertin, on plaint sa malheureuse épouse, on cherche à la consoler, à la venger ; mais son infidèle époux n'est point déshonoré.

C'est le seul cas où le parjure obtienne de l'indulgence ; dans tout autre cas, le parjure a toujours été en horreur chez tous les peuples qui n'étaient pas absolument corrompus ; et la fidélité au serment a toujours été la garantie de la durée des nations.

A Rome, c'est la sainteté du serment qui a maintenu pendant sept siècles la discipline dans les armées, et le respect des lois dans la république. A Sparte, le serment que Lycurgue avait fait prêter à ses concitoyens avant son départ, a conservé pendant cinq cents ans son étonnante et durée législation.

Heureux le peuple chez lequel le parjure est regardé comme une chose impossible, ou au moins comme une action monstrueuse ! Et bien sage, le législateur qui ne permet pas un fréquent usage du serment ; il ne faut pas familiariser les hommes avec ce qu'ils doivent respecter.

Mais pour qu'un engagement aussi solennel soit réellement sacré, il faut d'abord qu'il soit volontaire ; la force ne constitue ni un droit ni un devoir. Il faut ensuite qu'il soit conforme aux règles de l'honnête ; le parjure est vertu quand le serment fut crime. Il faut encore que l'exécution en soit possible, car on ne doit jamais que ce qu'on peut. Il faut enfin qu'on entende parfaitement les termes de l'engagement qu'on contracte.

Voilà toutes les conditions nécessaires pour qu'un serment soit réellement sacré, soit réellement serment, et pour qu'il y ait parjure dans la non-exécution de l'engagement qu'on a contracté.

Un moraliste probablement plus sévère qu'éclairé, pourrait dire : Il fallait réfléchir à tout cela avant de vous engager par serment ; mais quand le serment est prêté, il y a parjure si l'engagement n'est pas rempli.

Je répondrai : Le défaut de réflexion peut-il constituer un crime, et le parjure n'est-il pas un grand crime ? Faut-il être infaillible pour n'être pas criminel ? Appelez, si vous le voulez, parjure, l'homme qui aura juré de faire un crime et qui ne le commettra pas ; mais alors ne regardez plus le parjure comme un crime, car dans ce cas-là il est un devoir ; vous ne pourriez pas mieux vous y prendre si vous vouliez faire estimer le parjure.

Quant à moi, qui ne veux pas honorer le parjure, je ne flétrirai jamais de ce titre odieux un homme qui n'est point criminel. D'ailleurs, quelque sévère que vous puissiez être, vous ne pouvez donner le nom de parjure qu'à celui qui a manqué à sa promesse.

Et pour savoir s'il a manqué à sa promesse, il faut bien connaître ce qu'il avait promis. Examinons les serments que nous avons prêtés depuis la révolution aux divers gouvernements que des orages ont successivement renversés, et sachons à quoi nous nous sommes engagés envers eux.

Dans tous nos serments nous leur avons juré fidélité; et il est certain que si c'est nous qui les avons renversés, nous sommes véritablement parjures.

Mais s'ils ont été renversés sans nous et malgré nous, je ne vois pas comment nous mériterions cette qualification honteuse.

Nous avons juré fidélité; mais quel est le sens de ce mot? quel sens avait-il pour nous? quel sens avait-il pour ceux qui nous le demandaient, et dans quelle intention exigeaient-ils de nous cet engagement sacré?

Sans doute en jurant fidélité à un gouvernement, nous promettions de ne pas le trahir, de ne pas conspirer contre lui. Pouvions-nous promettre, pouvait-il exiger autre chose, sans une déraison complète de sa part et de la nôtre?

Pouvait-il désirer que s'il venait à être renversé par des circonstances qu'il ne pouvait pas prévoir et que nous ne pouvions pas empêcher, pouvait-il vouloir que nous lui restassions attachés quand il n'existait plus? et pouvait-il espérer que par amour pour sa mémoire, nous refuserions de lui survivre et de nous attacher au nouveau gouvernement qui garantissait notre existence et nos propriétés?

Était-ce là ce que nous avions cru promettre en jurant fidélité? Était-ce ce qu'il aurait compris quand il avait reçu notre serment? Et à quoi cet entêtement ridicule lui aurait-il servi après sa fin?

Et quand ce gouvernement pourrait ressusciter, il n'aurait pas droit lui-même de nous traiter de parjures.

Chacun de nous pourrait lui répondre: Je vivais, et vous n'existiez plus; il me fallait un gouvernement pour me protéger, j'ai adopté celui qui existait et que m'offrait la majorité de mes concitoyens.

Mais fallait-il le servir? Sans doute, ou renoncer à sa protection. A quoi vous eût été bon le sacrifice que j'eusse fait de ma vie, ou du moins d'un devoir presque aussi sacré que celui qui m'attachait à vous pendant votre existence, celui d'être utile à mon pays, et de ne pas le livrer à la fureur et à la scélératesse ?

Si vous m'eussiez appelé pour vous défendre,

si vous vous fussiez mis à notre tête, tous ceux qui pensent comme moi seraient morts avant vous : voilà ce que je dirais à un monarque légitime.

Je dirais à un usurpateur : Je n'ai jamais conspiré contre vous ; je vous avais juré fidélité, mais de votre côté vous vous étiez engagé à nous rendre heureux et à n'être pas fou. Je n'ai jamais rien fait contre vous, mais je remercie le ciel d'avoir permis que vos fautes vous aient puni de vos crimes.

Je dirais à un républicain. J'avais juré fidélité à la république, je l'ai servie en conscience, ni vous ni moi n'avons pu la maintenir. Vous restez attaché à une chimère, et moi je sers mon pays, je suis plus citoyen que vous : je suis ami de mon pays, je désire le bonheur de l'humanité ; et vous, vous n'êtes qu'un fou qui bouleverseriez votre pays et qui désoleriez l'humanité si l'on pouvait vous écouter.

A celui qui me reprocherait le serment que j'ai prêté aujourd'hui, je lui dirais :

Oui, j'ai juré fidélité au roi et obéissance à la Charte, et j'ai constamment jusqu'à la fin servi l'un et obéi à l'autre, mais je n'ai pas juré de faire l'impossible. Le roi est parti et a abdiqué ; l'ancienne Charte est tellement modifiée, qu'elle est détruite : puis-je avoir un roi et une Charte pour moi tout seul ? ai-je juré d'imiter les courtisans d'un cacique, de me faire enterrer tout vivant dans la tombe de mon maître?

L'engagement que j'avais pris est totalement terminé, et le serment que je viens de prêter ne viole pas l'ancien; l'ancien est anéanti avec la puissance et les fonctions du monarque à qui j'avais juré fidélité.

Me répondrait-on : Vous avez juré fidélité au roi, le roi ne meurt point en France. C'est le duc de Bordeaux qui est roi; il est roi de droit; vous lui devez fidélité; votre serment subsiste toujours ainsi que l'engagement que vous avez contracté.

Oui, il subsiste, si je peux le remplir; mais si je ne peux rien, je ne dois rien.

Et lui-même, cet enfant auguste et infortuné, que peut-il? Peut-il régner? peut-il protéger et défendre les droits des peuples que sa naissance l'appelait à gouverner? Où est-il? où est son conseil de régence?

Cela ne fait rien à votre serment, me dira-t-on encore: sa puissance, il est vrai, ne subsiste pas, il n'a aucun moyen de l'exercer; mais ses droits n'en existent pas moins, et lorsqu'il est question de devoirs, il ne s'agit que des droits, et votre fidélité est un devoir.

Hélas! sera-t-on long-temps la dupe des mots? Les mots peuvent faire des dupes, peuvent troubler, détruire les empires, mais ne peuvent pas les gouverner.

Sans doute les droits constituent les devoirs, mais il faut encore la possibilité d'exercer les uns et de remplir les autres.

Dois-je fidélité à un mot abstrait, au mot *droit*? Comment ce mot seul, dénué de toute puissance, de tout exercice, de tout moyen, garantira-t-il ma personne, mes propriétés de la tyrannie d'un usurpateur et des fureurs de l'anarchie? Que deviendrai-je, que deviendront mes concitoyens? n'ont-ils pas aussi des droits à ma fidélité et à mes services?

De ce côté il y a possibilité, les devoirs sont sacrés, sont évidents. Ce n'est plus un mot qui m'appelle, ce sont des réalités. Il s'agit de préserver mes concitoyens et moi des plus grands fléaux qui puissent désoler l'humanité.

La société est ébranlée jusque dans ses fondements, l'édifice social va peut-être s'écrouler, et je repousserais la main qui peut, qui veut la soutenir, je refuserais d'aider de la mienne cette main secourable! Et pourquoi? par attachement pour un mot qui, dans la circonstance, ne présente aucun sens, ou du moins pour une idée dont la réalisation est totalement impossible.

Je me regarderais comme coupable si, par respect pour un engagement qui n'existe plus, qui ne peut plus exister à cause de l'impossibilité manifeste de le remplir, j'abandonnais mon pays et les hommes qui seuls peuvent le sauver.

Si, mûs par un vain scrupule, nous abandon-nions nos places, si aucun homme honnête ne vou-lait les occuper, elles seraient livrées aux brigands, et nous verrions se renouveler les forfaits de 1793 et pis encore.

Les brigands actuels, éclairés par les désastres de leurs prédécesseurs, joignant aux fureurs po-litiques de ceux-ci celle de la vengeance, persua-dés que leurs devanciers n'avaient pas encore as-sez multiplié leurs victimes, répandraient le sang par torrents, et feraient de la France un vaste ci-metière.

Voilà les motifs qui m'ont déterminé à prêter le nouveau serment. Je pense que ceux qui agis-sent différemment se trompent, et qu'ils s'exposent à se rendre responsables à leurs propres yeux des terribles conséquences qui nous menacent. Mais je ne blâme point leurs scrupules; la conscience est respectable, même dans ses erreurs.

Je suis convaincu que s'ils peuvent en paix suivre les inspirations de la leur, que si leur scru-pule ne les conduit pas à leur perte et à celle de la France, ils devront ce bonheur à ceux qui au-ront pensé et agi comme moi.

Qu'ils ne nous punissent pas au moins, par des qualifications flétrissantes, injustes et insensées, de tout le bien que nous leur aurons fait.

Que dans leurs scrupuleuses fureurs ils atta-quent des hommes qui occupent et recherchent de grandes places, ils ne sont que téméraires en s'exposant à être injustes.

Mais qu'ils cherchent à flétrir des hommes qui remplissent péniblement des places plus ou moins obscures et gratuites, qui n'en recherchent, qui n'en veulent point d'autres, qui sont bien ennuyés des leurs, et qui ne les gardent que par scrupule et dans l'intérêt de leur pays, ils sont non-seulement injustes, mais ingrats et insensés.

Mais que penser du rédacteur de l'article auquel je réponds? Qu'étant journaliste, il fait valoir de son mieux les opinions du parti qu'il embrasse, et qu'il cherche plus à plaire qu'à instruire et à juger.

Je ne le chicanerai pas sur le nombre de serments qu'a prêtés M. de Talleyrand : qu'on en ait prêté deux, ou treize, ou cent, c'est à peu pres la même chose ; si l'on a été parjure au second serment, on l'a été plus souvent au centième, mais on ne l'a pas été davantage.

Et même on a été moins coupable au dernier ; le crime est de tromper, et au dernier serment on ne trompait plus personne.

Pourquoi donc exigeait-on des serments? Pourquoi en exige-t-on encore? Ceci est une nouvelle question qui n'est pas sans importance ; et puisque je m'occupe aujourd'hui de serments, et que je m'occupe toujours d'intérêt public, je vais examiner si cette mesure primitivement si sage a continué de l'être et l'est encore aujourd'hui.

Certes, chez un peuple nouveau, chez celui qui a conservé ses mœurs, la foi du serment est pour la plupart des hommes, pour tous ceux qui ont une conscience, est un frein extrêmement puissant. Il suffit pour contenir les masses, et pour donner de la sécurité à ceux qui les gouvernent.

Mais quand les mœurs ont été corrompues, quand le lien social a été d'abord relâché, ensuite usé, ensuite brisé tout-à-fait; quand l'ancien gouvernement a été renversé, quand l'ancien serment a été violé au moins en apparence, ceux à qui le pouvoir est échu, ont-ils bien fait d'exiger un nouveau serment?

Quelle pouvait être leur intention? Quelle pouvait être leur espérance? S'imaginaient-ils que l'ancien serment venant d'être méconnu et violé, le nouveau aurait plus d'efficacité?

La durée de l'ancien gouvernement et celle du serment qui sans doute était un de ses soutiens, leur a fait croire vraisemblablement qu'avec le même support, le nouveau gouvernement aurait la même durée.

Ils n'ont pas vu que le même mot n'avait plus le même sens, et que par conséquent le support n'était plus le même.

Ils n'ont pas réfléchi que la sainteté du serment était fondée sur la simplicité, la pureté des mœurs, sur la foi à des doctrines auxquelles on ne croyait plus.

Aussi leur pouvoir n'a duré qu'un moment, et le serment n'a contenu que ceux qui n'avaient aucun besoin d'être contenus, et il a écarté des hommes honnêtes et scrupuleux qui les eussent bien servis.

L'événement aurait dû éclairer leurs successeurs sur la frivolité du serment politique. Ces événements si multipliés qui ont tout-à-fait discrédité le serment, qui l'ont démonétisé comme les assignats, ont détrompé tout le monde, excepté les dépositaires du pouvoir. Ils ont toujours exigé, ils exigent encore le serment; et pourquoi? On ne saurait le concevoir.

Cependant les hommes qui s'emparent de la puissance peuvent être des fous, des furieux, des scélérats, mais ne sont pas des imbéciles.

Il faut que l'ambition, ainsi que toutes les passions violentes, aveugle singulièrement les hommes et les empêche d'apercevoir ce que voit parfaitement le plus simple bon sens.

Ces serments si multipliés, et toujours vainement, produisent un très-grand mal : c'est de discréditer le serment en général.

Le serment politique n'est plus rien depuis long-temps; il n'est plus un frein pour celui qui le prête, ni un motif de sécurité pour celui qui le reçoit; il n'est pas même un moyen de tromper.

Mais le serment pour les cas particuliers, le serment des témoins dans les procès civils et cri-

minels a encore beaucoup d'importance ; et la for-
tune, l'honneur, la vie de tous les citoyens est in-
téressée à ce qu'il en ait toujours.

Et comment pourra-t-il la conserver, quand on
voit les personnages les plus importants d'un état
se jouer et se rire de la foi des serments ?

Il est temps de revenir d'une erreur aussi manifeste et aussi nuisible : la sûreté des états ne
tient plus à la foi des serments.

Elle tient à la sagesse, à la justice et à la fer-
meté de ceux qui gouvernent ; à la modération, à
la raison, à l'honneur et au bonheur de ceux qui
sont gouvernés.

Qu'on laisse les serments aux tribunaux, qu'on
ne multiplie plus les parjures, et qu'on ne se per-
mette plus d'accuser de ce grand crime les meil-
leurs citoyens d'un vaste et glorieux empire.

C'est ce que l'on doit faire, si l'on ne veut pas
tout-à-fait discréditer le serment et achever de dé-
moraliser une nation dont les mœurs ont été si
malheureusement altérées par de si mauvais exem-
ples et de si violentes secousses, et à qui de toutes
ses vertus passées il ne reste plus guère que l'honneur et le courage.